Jean-Claude Corbeil
Ariane Archambault

Mon Premier Visuel

FRANÇAIS • ANGLAIS

Québec Amérique

Catalogage avant publication de Bibliothèque et Archives nationales du Québec et Bibliothèque et Archives Canada

Corbeil, Jean-Claude, 1932-
Mon premier visuel : français-anglais
2e éd.
En tête du titre: Dictionnaire.
Comprend un index.
Pour enfants de 2 ans et plus.
Texte en français et en anglais.

ISBN 978-2-7644-1155-1
1. Dictionnaires illustrés pour la jeunesse français. 2. Dictionnaires illustrés pour la jeunesse anglais. 3. Français (Langue) - Dictionnaires pour la jeunesse anglais. 4. Anglais (Langue) - Dictionnaires pour la jeunesse français. I. Archambault, Ariane, 1936-2006. II. Titre.

PC2629.C659 2012   j443'.21   C2012-941536-7F

Dépôt légal : 2013
Bibliothèque et Archives nationales du Québec
Bibliothèque et Archives du Canada

Mon Premier Visuel a été créé et conçu par :

QA International, une division de
Les Éditions Québec Amérique inc.
7240, rue Saint-Hubert
Montréal (Québec) H2R 2N1 Canada
Tél. : 514 499-3000

ikonet.com
quebec-amerique.com
qa-international.com

Réimpression : mars 2023

Nous reconnaissons l'aide financière du gouvernement du Canada.

Nous tenons également à remercier la SODEC pour son appui financier. Gouvernement du Québec – Programme de crédit d'impôt pour l'édition de livres – Gestion SODEC.

AUTEURS
Jean-Claude Corbeil
Ariane Archambault

DIRECTION
Président : Jacques Fortin
Directrice générale : Caroline Fortin
Directrice des éditions : Martine Podesto

CONCEPTION ÉDITORIALE ET RÉDACTION
Idée originale et conception de la table des matières :
Jean-Claude Corbeil et Ariane Archambault
Éditrice : Myriam Caron Belzile
Recherches terminologiques : Jean Beaumont, Catherine Briand, Nathalie Guillo, Anne Rouleau

CONCEPTION GRAPHIQUE
Nathalie Caron et Pascal Goyette

ILLUSTRATIONS
Anouk Noël
Carl Pelletier
Alain Lemire
Jean-Yves Ahern
Pascal Bilodeau
Yan Bohler
Mélanie Boivin
François Escalmel
Rielle Lévesque
Michel Rouleau
Claude Thivierge
Mamadou Togola
Raymond Martin

PRODUCTION
Coordinateur du projet : Michel Viau
Gestion des données : Gabriel Trudeau-St-Hilaire
Responsable du prépresse : François Hénault
Responsable de l'impression : Salvatore Parisi

RÉVISION
Liliane Michaud

CONSEILLER PÉDAGOGIQUE
Roch Turbide

SODEC
Québec
Canada

Imprimé et relié en Inde.
11 10 9 8 7 6 5 4 3 2   26 25 24 23
PO 861 Version 4.0.0

Table des matières

Le corps
The body

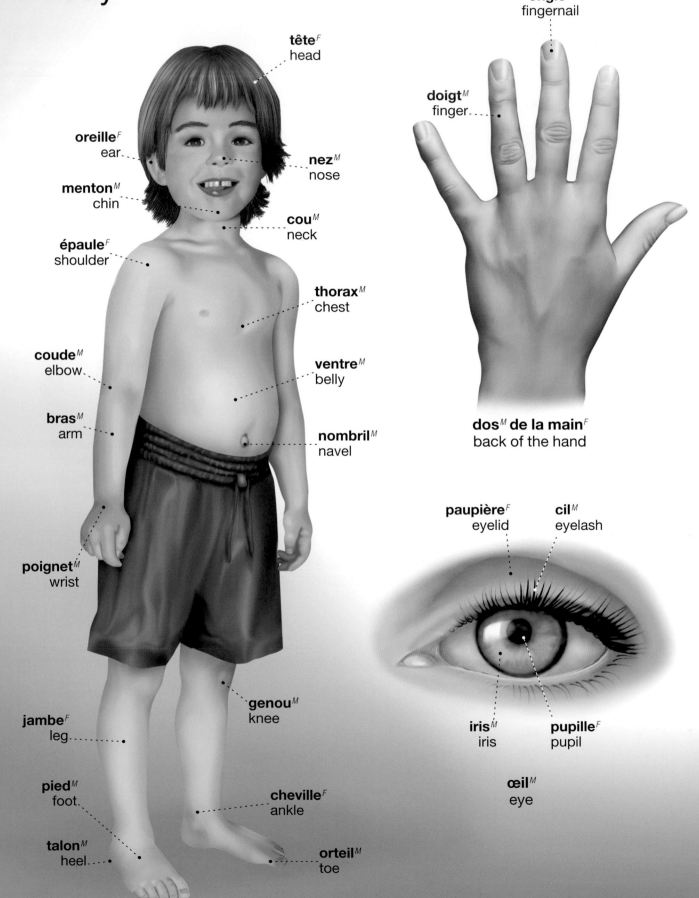

tête^F
head

oreille^F
ear

nez^M
nose

menton^M
chin

cou^M
neck

épaule^F
shoulder

thorax^M
chest

coude^M
elbow

ventre^M
belly

bras^M
arm

nombril^M
navel

poignet^M
wrist

jambe^F
leg

genou^M
knee

pied^M
foot

cheville^F
ankle

talon^M
heel

orteil^M
toe

ongle^M
fingernail

doigt^M
finger

dos^M **de la main**^F
back of the hand

paupière^F
eyelid

cil^M
eyelash

iris^M
iris

pupille^F
pupil

œil^M
eye

4

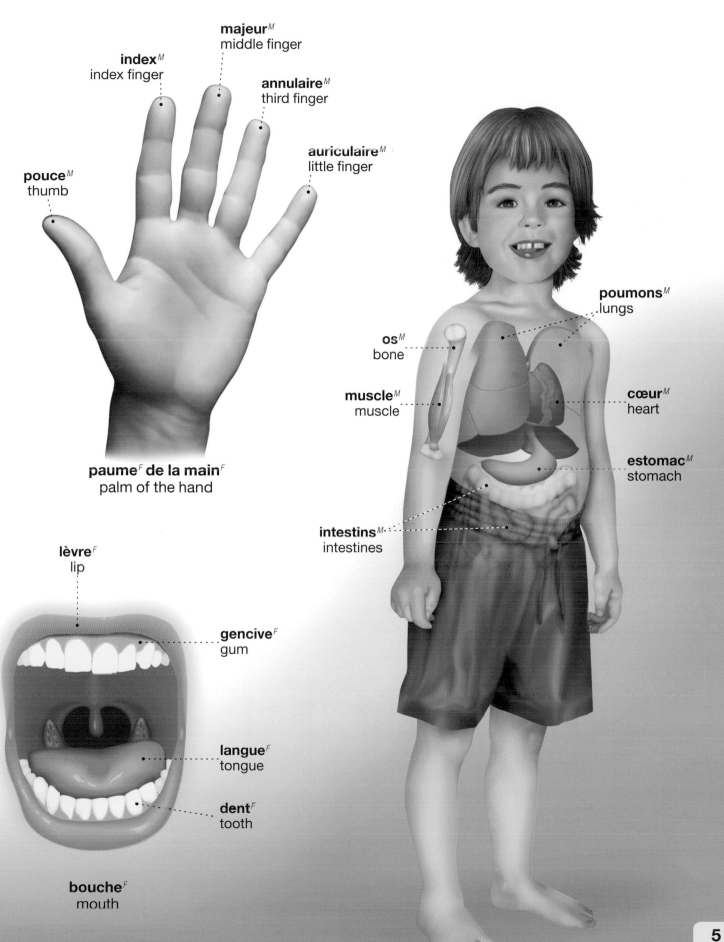

majeur^M
middle finger

index^M
index finger

annulaire^M
third finger

auriculaire^M
little finger

pouce^M
thumb

paume^F **de la main**^F
palm of the hand

poumons^M
lungs

os^M
bone

muscle^M
muscle

cœur^M
heart

estomac^M
stomach

intestins^M
intestines

lèvre^F
lip

gencive^F
gum

langue^F
tongue

dent^F
tooth

bouche^F
mouth

Le corps en mouvement
The body in motion

être assis
sit

marcher
walk

courir
run

sauter
jump

ramper
crawl

dormir
sleep

module^M **de jeux**^M
modular play structure

tunnel^M
tunnel

glissoire^F
slide

sourire
smile

être surpris
surprised

rire
laugh

avoir peur
afraid

être fâché
angry

crier
scream

pleurer
cry

en haut
up

dans
in

à côté
beside

en bas
down

devant
in front of

derrière
behind

sous
under

sur
on

Les vêtements
Clothing

chaussure^F **de sport**^M
running shoe

lacet^M
shoelace

languette^F
tongue

talon^M
heel

semelle^F
sole

sandale^F
sandal

polo^M
knit shirt

anorak^M
anorak

cardigan^M
cardigan

ceinture^F
belt

jean^M
jeans

T-shirt^M
T-shirt

bretelle^F
strap

col^M **roulé**
turtleneck

braguette^F
fly

salopette^F
overalls

jupe^F
skirt

robe^F
dress

slip^M
briefs

gants^M
gloves

chemise^F
shirt

col^M
collar

manche^F
sleeve

poche^F
pocket

bouton^M
button

caleçon^M
boxer shorts

couche^F **jetable**
disposable diaper

pyjama^M
pajamas

chaussettes^F
socks

slip^M **de bain**^M
brief

maillot^M **de bain**^M
swimsuit

pull^M **molletonné**
sweatshirt

pantalon^M **molletonné**
sweatpants

short^M
shorts

tuque^F
stocking cap

habit^M **de neige**^F
snowsuit

foulard^M
scarf

mitaine^F
mitten

botte^F
boot

À la maison
At home

pelle^F
shovel

boîte^F **à outils**^M
tool box

râteau^M
rake

marteau^M
hammer

tournevis^M
screwdriver

tuyau^M **d'arrosage**^M
garden hose

couvercle^M
lid

brouette^F
wheelbarrow

balai^M **à feuilles**^F
lawn rake

arroseur^M
sprinkler

poubelle^F
garbage can

remise^F
shed

jardin^M **potager**
vegetable garden

escabeau^M
stepladder

clôture^F
fence

tondeuse^F
mower

pelouse^F
lawn

trapèze^M
trapeze

nacelle^F
gondola

balançoire^F
swing

balancelle^F **double**
glider swing

glissoire^F
slide

tricycle^M
tricycle

piscine^F **hors sol**^M
aboveground swimming pool

ballon^M
ball

voiturette^F
wagon

piscine^F **creusée**
in-ground swimming pool

garage^M
garage

toit^M
roof

cheminée^F
chimney

fenêtre^F
window

bac^M **à sable**^M
sandbox

porte^F
door

haie^F
hedge

11

La chambre
The bedroom

coffret^M **à bijoux**^M
jewel box

boîte^F **à musique**^F
music box

mobile^M
mobile

cintre^M
hanger

table^F **à langer**
changing table

réveil^M
alarm clock

miroir^M
mirror

lit^M **à barreaux**^M
crib

lit^M **pliant**
playpen

tête^F **de lit**^M
headboard

rideau^M
curtain

pied^M **de lit**^M
footboard

lampe^F **de table**^F
table lamp

affiche^F
poster

oreiller^M
pillow

ours^M **en peluche**^F
teddy bear

drap^M
flat sheet

tapis^M
rug

édredon^M
comforter

commode^F
dresser

CIRCUS

minichaîne^F **portative**
boombox

baladeur^M **numérique**
portable digital audio player

plafonnier^M
ceiling fitting

disque^M **compact**
compact disc

baladeur^M
personal player

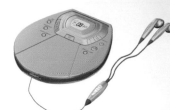
chiffonnier^M
chiffonier

table^F **de chevet**^M
bedside table

berceuse^F
rocking chair

coffre^M
linen chest

patère^F
coat hook

panier^M **à linge**^M
laundry basket

armoire^F**-penderie**^F
wardrobe

pantoufle^F
slipper

porte^F
door

La salle de bain
The bathroom

coton[M]-**tige**[F]
cotton applicators

fil[M] **dentaire**
dental floss

éponge[F]
sponge

dentifrice[M]
toothpaste

shampooing[M]
shampoo

savon[M]
soap

brosse[F] **à dents**[F]
toothbrush

bain[M] **moussant**
bubble bath

pansement[M] **adhésif**
adhesive bandage

coupe-ongles[M]
nail clippers

rince-bouche[M]
mouthwash

rideau[M] **de douche**[F]
shower curtain

baignoire[F]
bathtub

papiers[M]-**mouchoirs**[M]
tissues

papier[M] **hygiénique**
toilet paper

pharmacie[F]
medicine cabinet

robinet[M]
faucet

lavabo[M]
sink

toilette[F]
toilet

pèse-personne[M]
bathroom scale

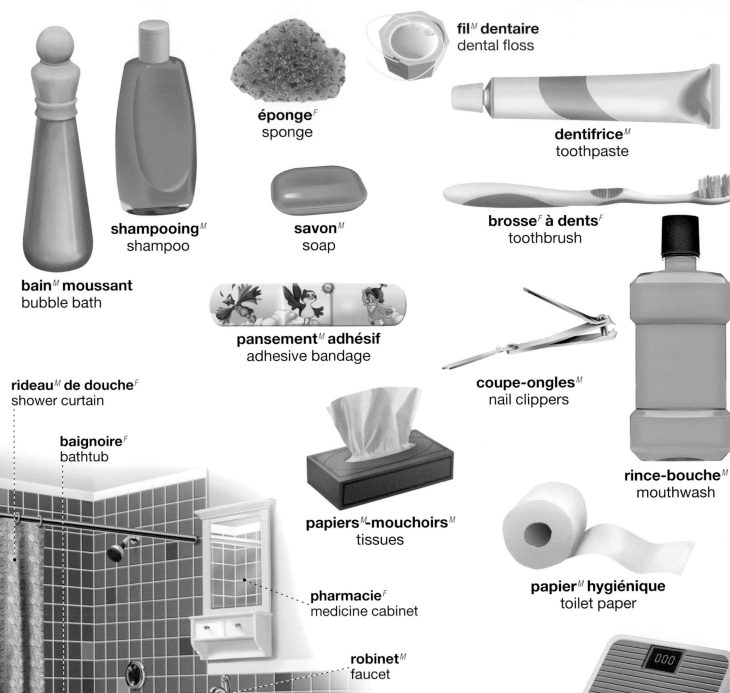

barretteF
barrette

pinceF **à cheveux**M
bobby pin

fardM **à joues**F
blusher

vernisM **à ongles**M
nail polish

peigneM
comb

ombreF **à paupières**F
eyeshadow

brosseF
hairbrush

parfumM
perfume

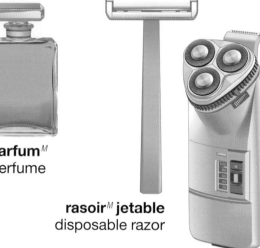
rasoirM **jetable**
disposable razor

rasoirM **électrique**
electric razor

rougeM **à lèvres**F
lipstick

sèche-cheveuxM
hair dryer

ferM **à friser**
curling iron

laveuseF
washer

sécheuseF
dryer

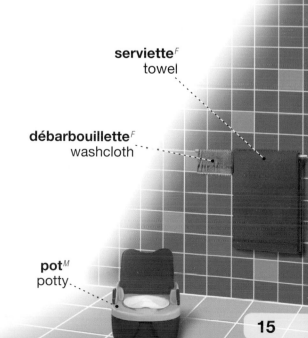
servietteF
towel

débarbouilletteF
washcloth

potM
potty

15

Le salon
The living room

ventilateur^M
fan

horloge^F **de parquet**^{M}
grandfather clock

fauteuil^M
armchair

pouf^M
ottoman

abat-jour^M
shade

futon^M
futon

canapé^M **convertible**
sofa bed

chaise^F **pliante**
folding chair

socle^M
base

lampadaire^M
floor lamp

canapé^M
sofa

causeuse^F
love seat

coussin^M
cushion

table^F
table

foyer^M
fireplace

téléviseur^M
television set

lecteur^M **de DVD**^{M}
DVD player

DVD^M
DVD

télécommande^F
remote control

récepteur^M **numérique**
digital video receiver

lecteur^M **de disque**^{M} **compact**
compact disc player

casque^M **d'écoute**^{F}
headphones

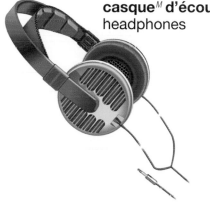

téléphone^M
telephone

minichaîne^F **stéréo**
mini stereo sound system

haut-parleur^M
speaker

livre^M
book

bibliothèque^F
bookcase

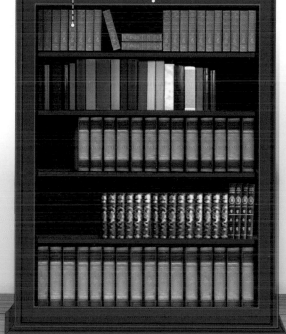

fauteuil^M**-sac**^{M}
beanbag chair

accessoires^M **de foyer**^{M}
fire irons

porte-bûches^M
log carrier

La salle de jeux
The playroom

hochet^M
rattle

planche^F **à dessiner**
drawing board

petites voitures^F
small cars

pâte^F **à modeler**
modeling clay

personnage^M **à assembler**
character set

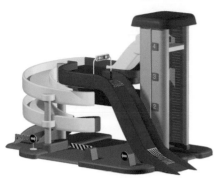

garage^M
garage

train^M **miniature**
miniature train

briques^F
blocks

cheval^M **à bascule**^{F}
rocking horse

trotteur^M
walker

poupée^F
doll

poussette^F
stroller

établi^M
workbench

toupie^F
spinner

cubes^M
cubes

casse-tête^M
jigsaw puzzle

anneaux^M **à empiler**
stackable rings

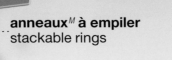

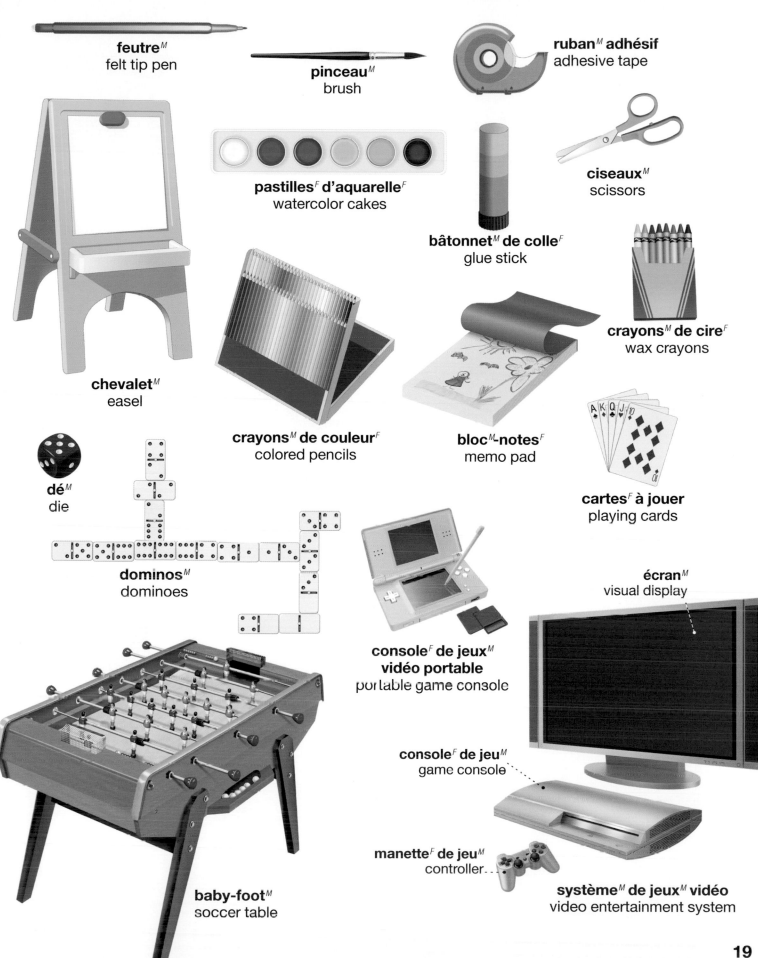

feutre^M
felt tip pen

pinceau^M
brush

ruban^M **adhésif**
adhesive tape

pastilles^F **d'aquarelle**^{F}
watercolor cakes

ciseaux^M
scissors

bâtonnet^M **de colle**^{F}
glue stick

crayons^M **de cire**^{F}
wax crayons

chevalet^M
easel

crayons^M **de couleur**^{F}
colored pencils

bloc^M**-notes**^{F}
memo pad

dé^M
die

cartes^F **à jouer**
playing cards

dominos^M
dominoes

console^F **de jeux**^{M}
vidéo portable
portable game console

écran^M
visual display

console^F **de jeu**^{M}
game console

manette^F **de jeu**^{M}
controller

baby-foot^M
soccer table

système^M **de jeux**^{M} **vidéo**
video entertainment system

La cuisine
The kitchen

grille-pain^M
toaster

bouilloire^F
kettle

cafetière^F
coffeemaker

four^M **à micro-ondes**^{F}
microwave oven

passoire^F
colander

mélangeur^M
blender

batteur^M **à main**^{F}
hand mixer

essoreuse^F **à salade**^{F}
salad spinner

bols^M **à mélanger**
mixing bowls

mitaine^F **isolante**
oven mitt

tablier^M
apron

congélateur^M
freezer

réfrigérateur^M
refrigerator

armoire^F
cabinet

évier^M
sink

lave-vaisselle^M
dishwasher

tiroir^M
drawer

entonnoir^M
funnel

minuteur^M
kitchen timer

éponge^F **à récurer**
scouring pad

torchon^M
kitchen towel

cuillères^F **doseuses**
measuring spoons

tasse^F **à mesurer**
measuring cup

tire-bouchon^M
corkscrew

cuillère^F **à crème**^F **glacée**
ice cream scoop

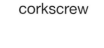
emporte-pièces^M
cookie cutters

râpe^F
grater

ouvre-boîte^M
can opener

couteau^M **de cuisine**^F
kitchen knife

éplucheur^M
peeler

presse-agrumes^M
citrus juicer

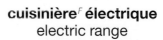
planche^F **à découper**
cutting board

moule^M **à tarte**^F
pie pan

rouleau^M **à pâtisserie**^F
rolling pin

cuisinière^F **électrique**
electric range

élément^M **de cuisson**^F
cooking unit

casserole^F
saucepan

poêle^F **à frire**
frying pan

four^M
oven

plaque^F **à pâtisserie**^F
baking sheet

marmite^F
stock pot

moule^M **à muffins**^M
muffin pan

Le repas
The meal

gobelet^M **à bec**^M
spouted cup

biberon^M
baby bottle

tasse^F
cup

verre^M **à vin**^M
wine glass

beurrier^M
butter dish

sucrier^M
sugar bowl

théière^F
teapot

pichet^M
water pitcher

chaise^F **haute**
high chair

bavoir^M
bib

bol^M
soup bowl

saladier^M
salad bowl

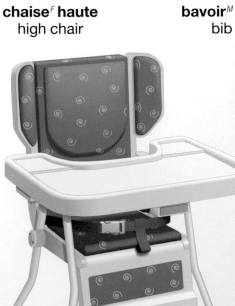

couteau^M
knife

verre^M
glass

cuillère^F
spoon

nappe^F
tablecloth

serviette^F
napkin

rehausseur^M
booster seat

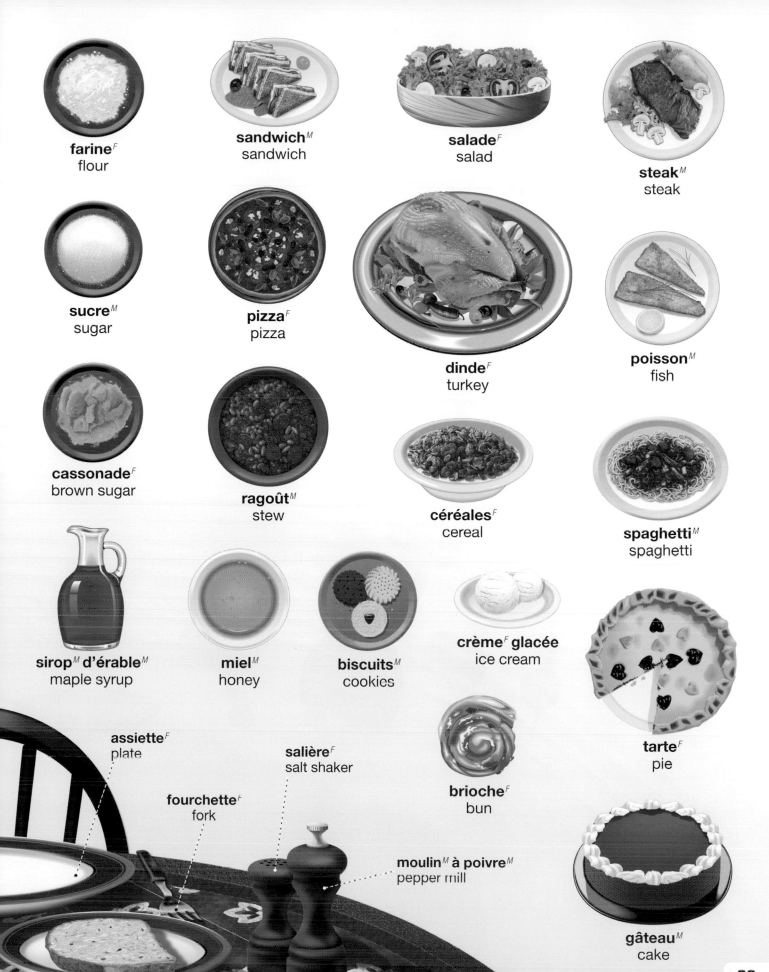

farine^F
flour

sandwich^M
sandwich

salade^F
salad

steak^M
steak

sucre^M
sugar

pizza^F
pizza

dinde^F
turkey

poisson^M
fish

cassonade^F
brown sugar

ragoût^M
stew

céréales^F
cereal

spaghetti^M
spaghetti

sirop^M **d'érable**^M
maple syrup

miel^M
honey

biscuits^M
cookies

crème^F **glacée**
ice cream

assiette^F
plate

salière^F
salt shaker

fourchette^F
fork

moulin^M **à poivre**^M
pepper mill

brioche^F
bun

tarte^F
pie

gâteau^M
cake

Le potager et les légumes
Garden and vegetables

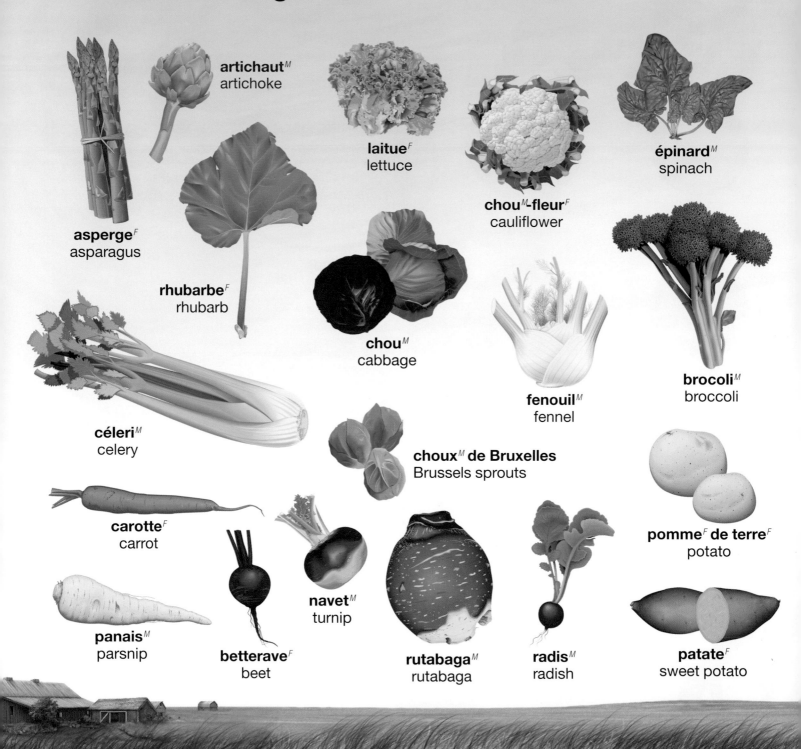

artichaut^M
artichoke

laitue^F
lettuce

chou^M**-fleur**^{F}
cauliflower

épinard^M
spinach

asperge^F
asparagus

rhubarbe^F
rhubarb

chou^M
cabbage

fenouil^M
fennel

brocoli^M
broccoli

céleri^M
celery

choux^M **de Bruxelles**
Brussels sprouts

pomme^F **de terre**^{F}
potato

carotte^F
carrot

navet^M
turnip

panais^M
parsnip

betterave^F
beet

rutabaga^M
rutabaga

radis^M
radish

patate^F
sweet potato

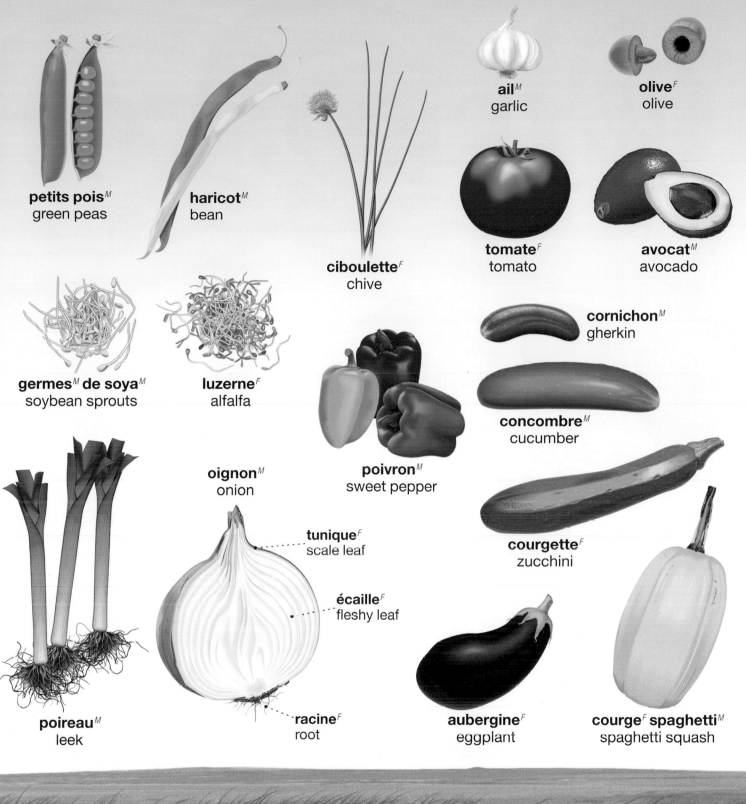

petits pois^M
green peas

haricot^M
bean

ciboulette^F
chive

ail^M
garlic

olive^F
olive

tomate^F
tomato

avocat^M
avocado

germes^M **de soya**^{M}
soybean sprouts

luzerne^F
alfalfa

cornichon^M
gherkin

concombre^M
cucumber

poivron^M
sweet pepper

oignon^M
onion

tunique^F
scale leaf

écaille^F
fleshy leaf

racine^F
root

courgette^F
zucchini

poireau^M
leek

aubergine^F
eggplant

courge^F **spaghetti**^{M}
spaghetti squash

Les fruits
Fruits

coupe^F **d'une pomme**^{F}
section of an apple

queue^F
stalk

peau^F
skin

lime^F
lime

citron^M
lemon

pépin^M
pip

banane^F
banana

poire^F
pear

nectarine^F
nectarine

pêche^F
peach

melon^M **brodé**
muskmelon

pamplemousse^M
grapefruit

melon^M **miel**^{M}
honeydew melon

abricot^M
apricot

prune^F
plum

orange^F
orange

pomme^F
apple

fraise^F
strawberry

bleuet^M
blueberry

melon^M d'eau^F
watermelon

grenade^F
pomegranate

papaye^F
papaya

ananas^M
pineapple

framboise^F
raspberry

fruit^M de la Passion^F
passion fruit

carambole^F
carambola

kiwi^M
kiwi

canneberge^F
cranberry

figue^F
fig

mangue^F
mango

raisin^M
grape

cassis^M
black currant

gadelle^F
currant

cerise^F
cherry

mûre^F
blackberry

pruneau^M
prune

coupe^F d'une orange^F
section of an orange

raisin^M sec
raisin

litchi^M
litchi

écorce^F
rind

pulpe^F
pulp

zeste^M
zest

noix^F de coco^M
coconut

noix^F
nuts

quartier^M
segment

27

L'épicerie
The supermarket

pain^M **pita**
pita bread

tortilla^F
tortilla

pain^M **blanc**
white bread

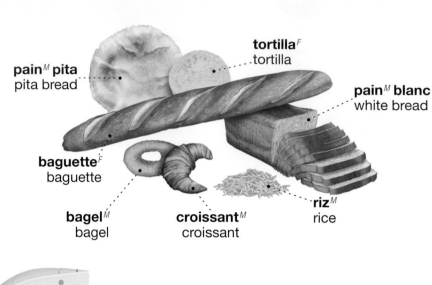

baguette^F
baguette

bagel^M
bagel

croissant^M
croissant

riz^M
rice

pâtes^F **alimentaires**
pasta

boîte^F **à œufs**^{M}
egg carton

œuf^M
egg

berlingot^M **de lait**^{M}
milk carton

pot^M **de crème**^{F} **glacée**
ice cream cup

fromages^M
cheese

pot^M **de yogourt**^{M}
yogurt cup

petits pots^M
small jars

beurre^M
butter

sac^M **de congélation**^{F}
freezer bag

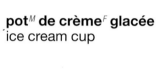
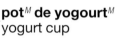

sac^M **de biscuits**^{M}
bag of cookies

jus^M **de fruits**^{M}
fruit juice

épices^F
spices

boîte^F **de conserve**^{F}
food can

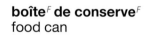

papier^M **aluminium**^{M}
aluminum foil

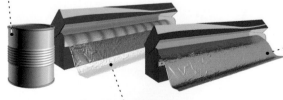

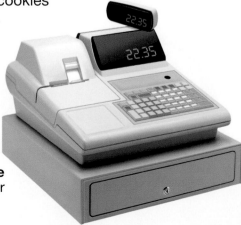

pellicule^F **plastique**
plastic film

caisse^F **enregistreuse**
cash register

bifteckM
steak

saucisseF
sausage

homardM
lobster

pouletM
chicken

baconM
bacon

jambonM cuit
cooked ham

salamiM
salami

tabletteF **de chocolat**M
chocolate bar

bonbonsM
candies

saumonM
salmon

mouleF
mussel

huîtreF
oyster

tabletteF
shelf

comptoirM **vitré**
counter

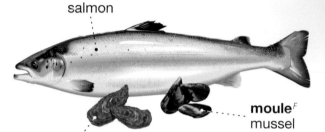
ketchupM
ketchup

vinaigreM **de vin**M
wine vinegar

huileF **d'olive**F
olive oil

chariotM
shopping cart

panierM
shopping basket

Les animaux familiers
Familiar animals

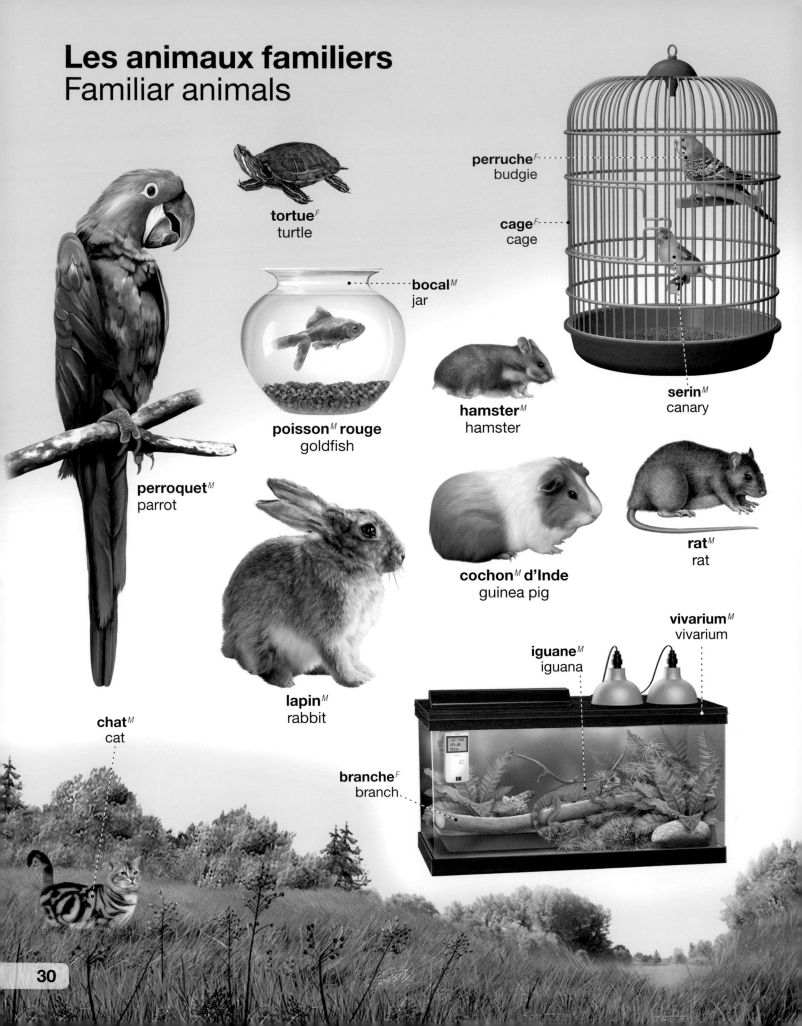

tortue^F
turtle

perruche^F
budgie

cage^F
cage

bocal^M
jar

serin^M
canary

perroquet^M
parrot

poisson^M **rouge**
goldfish

hamster^M
hamster

rat^M
rat

cochon^M **d'Inde**
guinea pig

lapin^M
rabbit

vivarium^M
vivarium

iguane^M
iguana

chat^M
cat

branche^F
branch

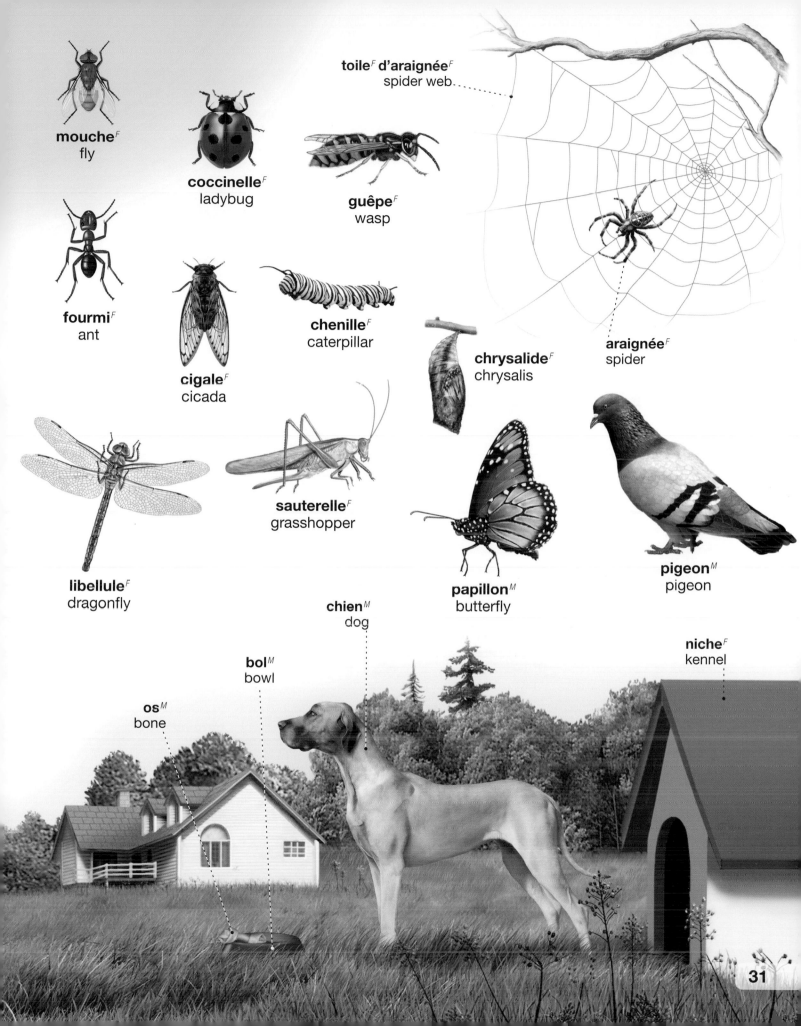

mouche^F
fly

coccinelle^F
ladybug

guêpe^F
wasp

toile^F **d'araignée**^F
spider web

fourmi^F
ant

cigale^F
cicada

chenille^F
caterpillar

chrysalide^F
chrysalis

araignée^F
spider

libellule^F
dragonfly

sauterelle^F
grasshopper

papillon^M
butterfly

pigeon^M
pigeon

chien^M
dog

niche^F
kennel

bol^M
bowl

os^M
bone

La ferme
The farm

caille^F
quail

autruche^F
ostrich

poussin^M
chick

poule^F
hen

dindon^M
turkey

canard^M
duck

oie^F
goose

cheval^M
horse

crinière^F
mane

chèvre^F
goat

mouton^M
sheep

queue^F
tail

fer^M **à cheval**^M
horseshoe

âne^M
donkey

porc^M
pig

sabot^M
hoof

poulailler^M
hen house

tracteur^M
tractor

coq^M
rooster

vache^F
cow

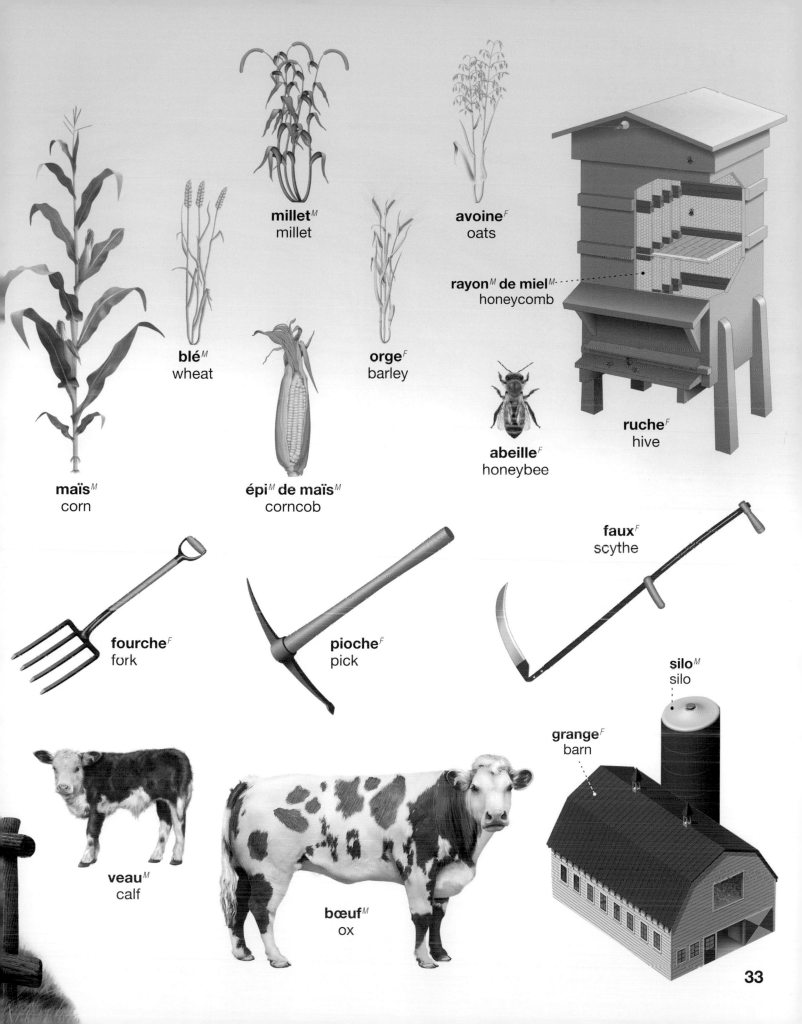

millet^M
millet

avoine^F
oats

rayon^M **de miel**^M
honeycomb

blé^M
wheat

orge^F
barley

ruche^F
hive

abeille^F
honeybee

maïs^M
corn

épi^M **de maïs**^M
corncob

faux^F
scythe

fourche^F
fork

pioche^F
pick

silo^M
silo

grange^F
barn

veau^M
calf

bœuf^M
ox

33

La forêt
The forest

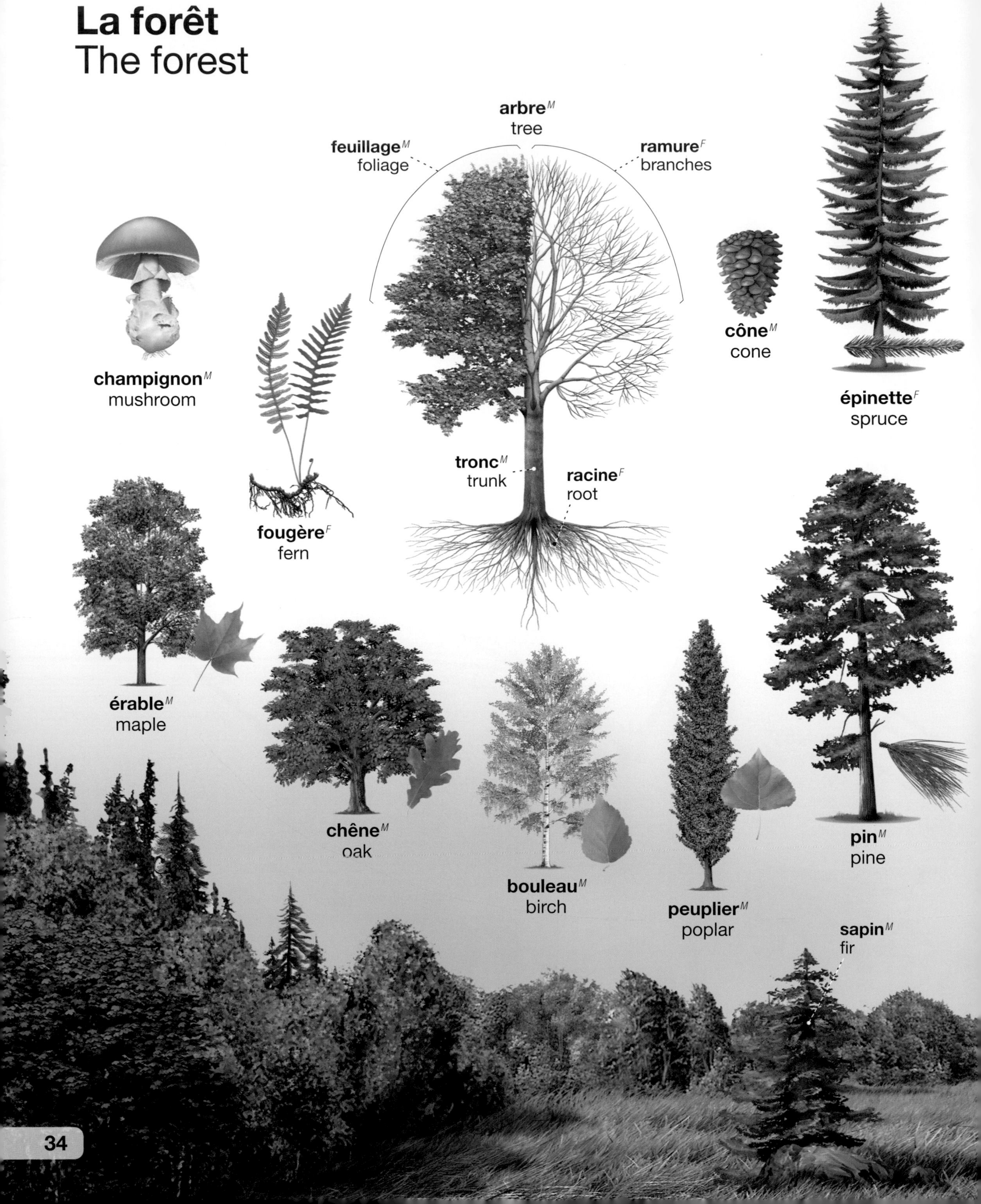

champignon^M
mushroom

fougère^F
fern

feuillage^M
foliage

arbre^M
tree

ramure^F
branches

tronc^M
trunk

racine^F
root

cône^M
cone

épinette^F
spruce

érable^M
maple

chêne^M
oak

bouleau^M
birch

peuplier^M
poplar

pin^M
pine

sapin^M
fir

moineau^M
sparrow

chardonneret^M
goldfinch

geai^M
jay

hibou^M
owl

faucon^M
falcon

pic^M
woodpecker

rouge-gorge^M
robin

mulot^M
field mouse

grenouille^F
frog

moufette^F
skunk

porc-épic^M
porcupine

tamia^M
chipmunk

écureuil^M
squirrel

lièvre^M
hare

castor^M
beaver

couleuvre^F
snake

loup^M
wolf

orignal^M
moose

ours^M
bear

chevreuil^M
deer

Le désert et la savane
The desert and the savannah

termite^M
termite

mygale^F
tarantula

gerboise^F
jerboa

lézard^M
lizard

scorpion^M
scorpion

pince^F
claw

vautour^M
vulture

poche^F
pouch

kangourou^M
kangaroo

serpent^M **à sonnette**^F
rattlesnake

fennec^M
fennec

dromadaire^M
dromedary camel

chameau^M
bactrian camel

hyène^F
hyena

crocodile^M
crocodile

léopard^M
leopard

girafe^F
giratte

tigre^M
tiger

lion^M
lion

gorille^M
gorilla

défense^F
tusk

trompe^F
trunk

hippopotame^M
hippopotamus

éléphant^M
elephant

antilope^F
antelope

zèbre^M
zebra

mangouste^F
mongoose

rhinocéros^M
rhinoceros

La mer
The sea

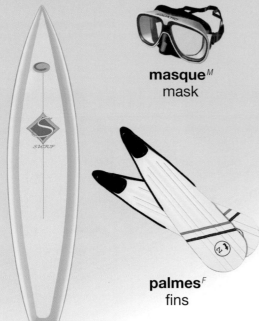

planche^F **de surf**^M
surfboard

masque^M
mask

palmes^F
fins

écran^M **solaire**
sunscreen

oursin^M
sea urchin

étoile^F **de mer**^F
starfish

lunettes^F **de soleil**^M
sunglasses

phoque^M
seal

poisson^M**-papillon**^M
butterfly fish

poisson^M**-clown**^M
clown fish

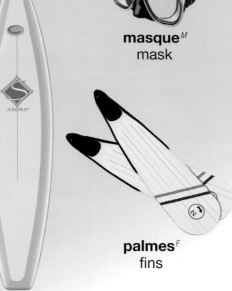

serviette^F **de plage**^F
beach towel

algue^F
alga

coquillages^M
seashells

requin^M
shark

seau^M
bucket

pelle^F
shovel

château^M **de sable**^M
sand castle

raie^F
skate

hippocampe^M
sea horse

dauphin^M
dolphin

palmier^M
palm tree

crabe^M
crab

pélican^M
pelican

baleine^F
whale

tentacule^M
tentacle

ventouse^F
sucker

pieuvre^F
octopus

parasol^M
beach umbrella

goéland^M
gull

Les dinosaures
Dinosaurs

stégosaure^M
stegosaurus

allosaure^M
allosaurus

pachycephalosaure^M
pachycephalosaurus

hadrosaure^M
hadrosaurus

deinonychus^M
deinonychus

brachiosaure^M
brachiosaurus

ankylosaure^M
ankylosaurus

spinosaure^M
spinosaurus

rhamphorynchus^M
rhamphorynchus

diplodocus^M
diplodocus

parasauroloph^M
parasauroloph

tyrannosaure^M
tyrannosaurus

tricératops^M
triceratops

pissenlitM
dandelion

chardonM
thistle

orchidéeF
orchid

margueriteF
daisy

muguetM
lily of the valley

pétaleM
petal

œilletM
carnation

crocusM
crocus

roseF
rose

jonquilleF
daffodil

coquelicotM
poppy

lisM
lily

tulipeF
tulip

bassinM
pond

arbusteM
bush

alléeF
path

tournesolM
sunflower

42

arrosoir^M
watering can

mangeoire^F
bird feeder

transplantoir^M
trowel

griffe^F **à fleurs**^F
small hand cultivator

sécateur^M
pruning shears

bourgeon^M
bud

fleur^F
flower

tige^F
stem

feuille^F
leaf

racine^F
root

plante^F
plant

maison^F **d'oiseau**^M
birdhouse

gants^M **de jardinage**^M
gardening gloves

bêche^F
spade

bac^M **à compost**^M
compost bin

43

L'espace
Space

Lune^F
Moon

télescope^M **spatial Hubble**
Hubble space telescope

planétarium^M
planetarium

télescope^M
telescope

nouvelle Lune^F
new moon

croissant^M
crescent

quartier^M
quarter

pleine Lune^F
full moon

fusée^F
rocket

Soleil^M
Sun

Mercure
Mercury

Vénus
Venus

Terre^F
Earth

Mars
Mars

ceinture^F **d'astéroïdes**^M
asteroid belt

Jupiter
Jupiter

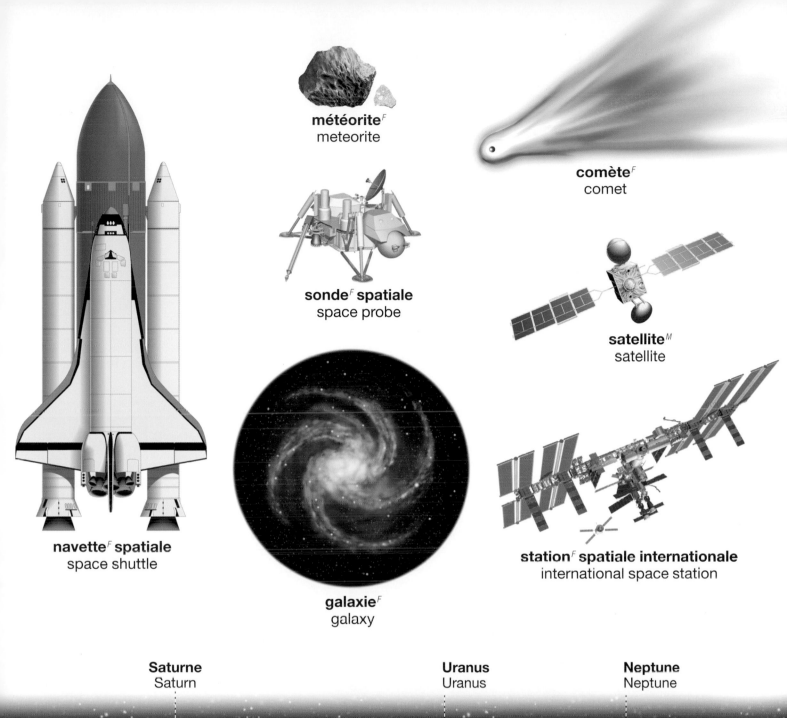

météorite^F
meteorite

comète^F
comet

sonde^F **spatiale**
space probe

satellite^M
satellite

navette^F **spatiale**
space shuttle

galaxie^F
galaxy

station^F **spatiale internationale**
international space station

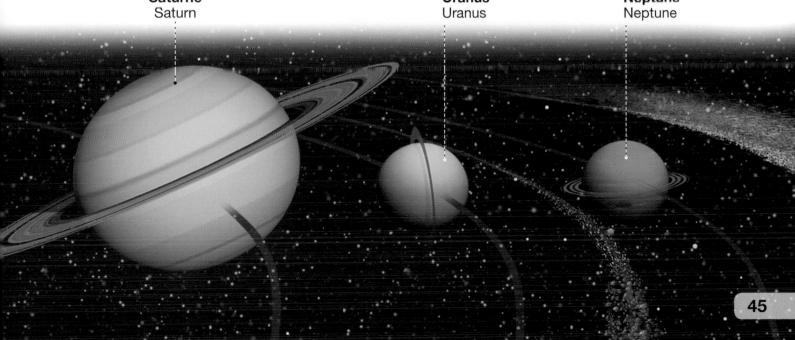

Saturne
Saturn

Uranus
Uranus

Neptune
Neptune

Les paysages de la Terre
Earth's landscapes

littoral^M
shoreline

plage^F
beach

falaise^F
cliff

estuaire^M
estuary

mer^F
sea

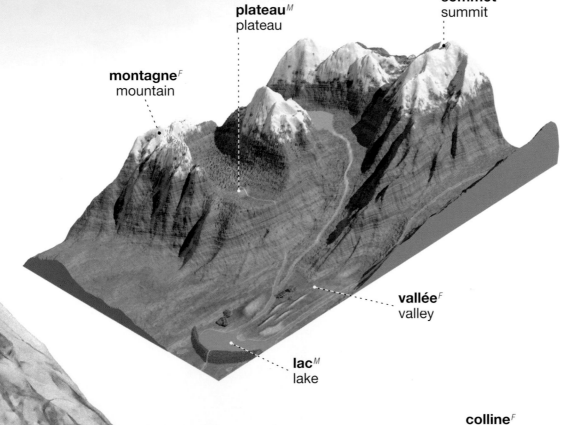

plateau^M
plateau

sommet^M
summit

montagne^F
mountain

vallée^F
valley

lac^M
lake

colline^F
hill

glacier^M
glacier

toundra^F
tundra

prairie^F
grassland

forêt^F **mixte**
mixed forest

forêt^F **tropicale**
tropical forest

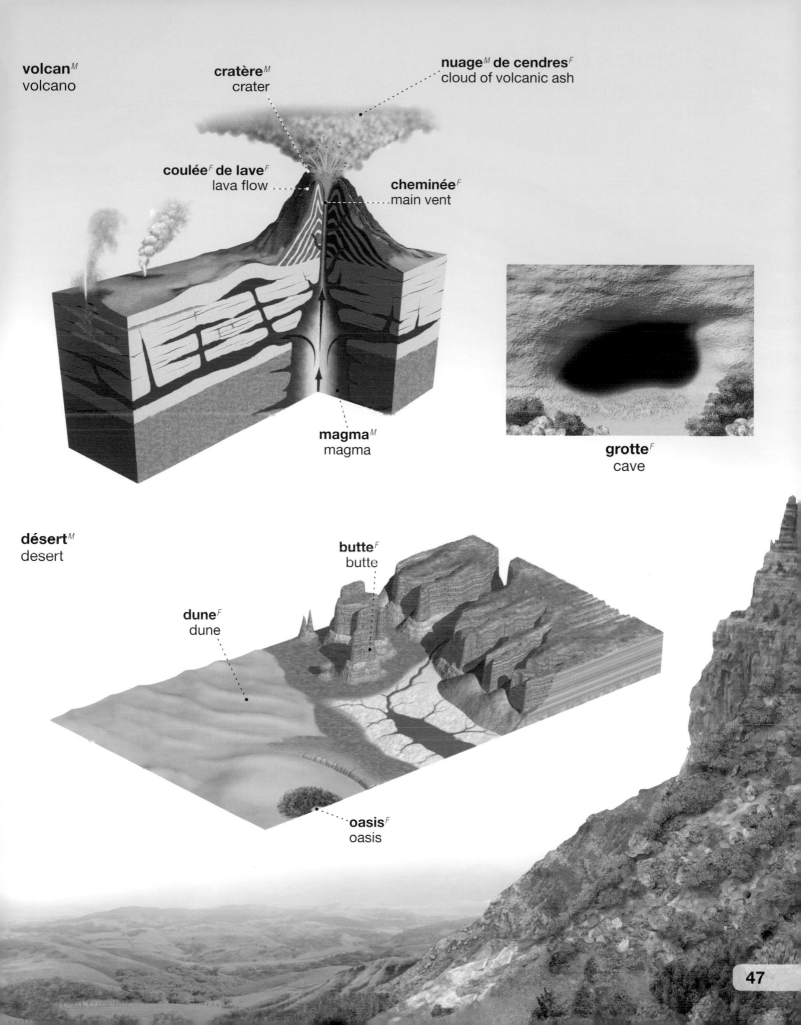

volcan^M
volcano

cratère^M
crater

nuage^M **de cendres**^F
cloud of volcanic ash

coulée^F **de lave**^F
lava flow

cheminée^F
main vent

magma^M
magma

grotte^F
cave

désert^M
desert

butte^F
butte

dune^F
dune

oasis^F
oasis

47

Le temps qu'il fait
The weather

arc-en-ciel^M
rainbow

printemps^M
spring

été^M
summer

automne^M
autumn

hiver^M
winter

parapluie^M
umbrella

tornade^F
tornado

nuage^M **en entonnoir**^M
funnel cloud

rosée^F
dew

brume^F
mist

brouillard^M
fog

givre^M
rime

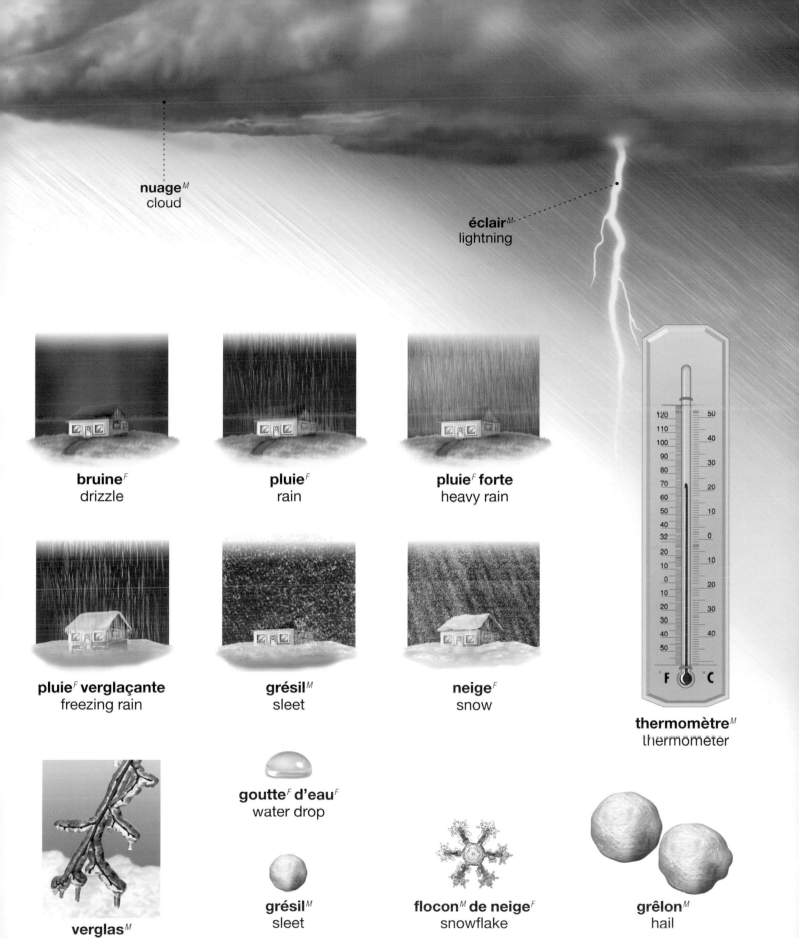

nuage^M
cloud

éclair^{M-}
lightning

bruine^F
drizzle

pluie^F
rain

pluie^F **forte**
heavy rain

pluie^F **verglaçante**
freezing rain

grésil^M
sleet

neige^F
snow

thermomètre^M
thermometer

verglas^M
frost

goutte^F **d'eau**^F
water drop

grésil^M
sleet

flocon^M **de neige**^F
snowflake

grêlon^M
hail

Les transports sur l'eau
Transportation on water

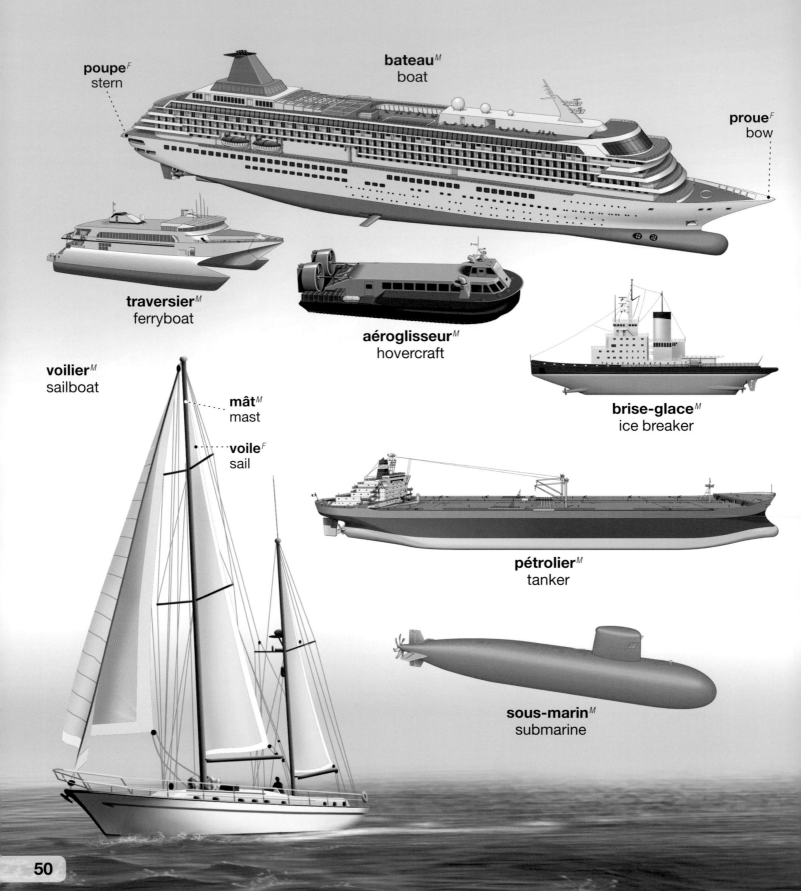

poupe^F
stern

bateau^M
boat

proue^F
bow

traversier^M
ferryboat

aéroglisseur^M
hovercraft

brise-glace^M
ice breaker

voilier^M
sailboat

mât^M
mast

voile^F
sail

pétrolier^M
tanker

sous-marin^M
submarine

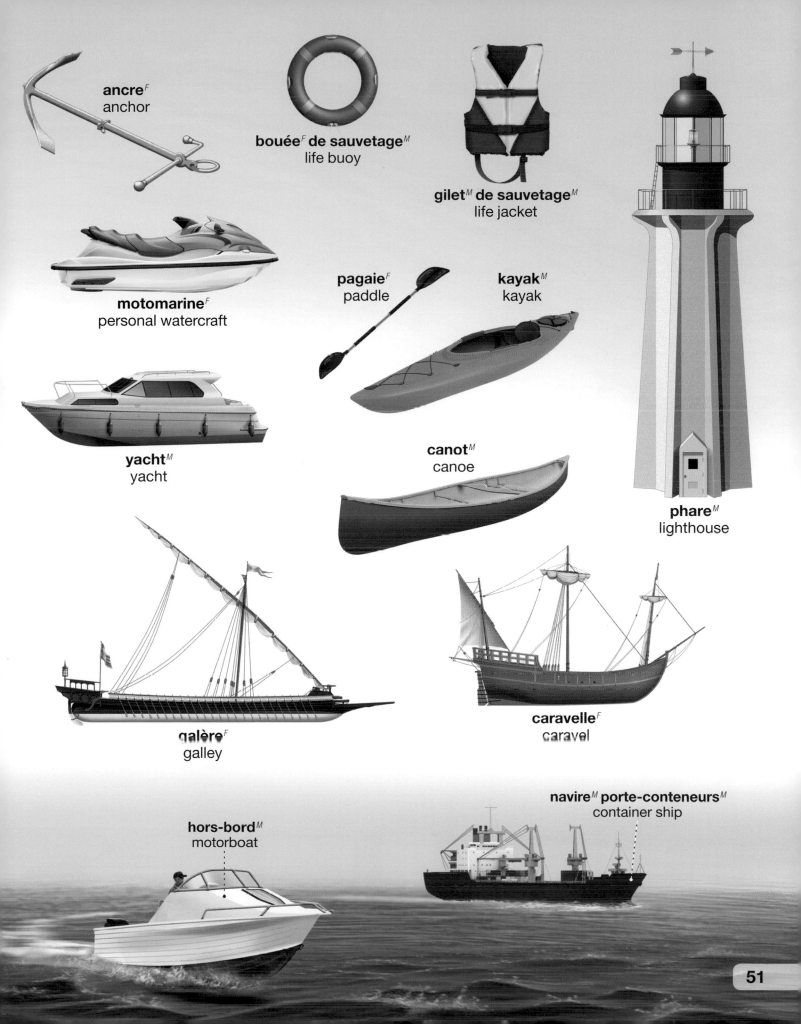

ancreF
anchor

bouéeF **de sauvetage**M
life buoy

giletM **de sauvetage**M
life jacket

motomarineF
personal watercraft

pagaieF
paddle

kayakM
kayak

yachtM
yacht

canotM
canoe

phareM
lighthouse

galèreF
galley

caravelleF
caravel

hors-bordM
motorboat

navireM **porte-conteneurs**M
container ship

51

Les transports dans les airs
Transportation in the air

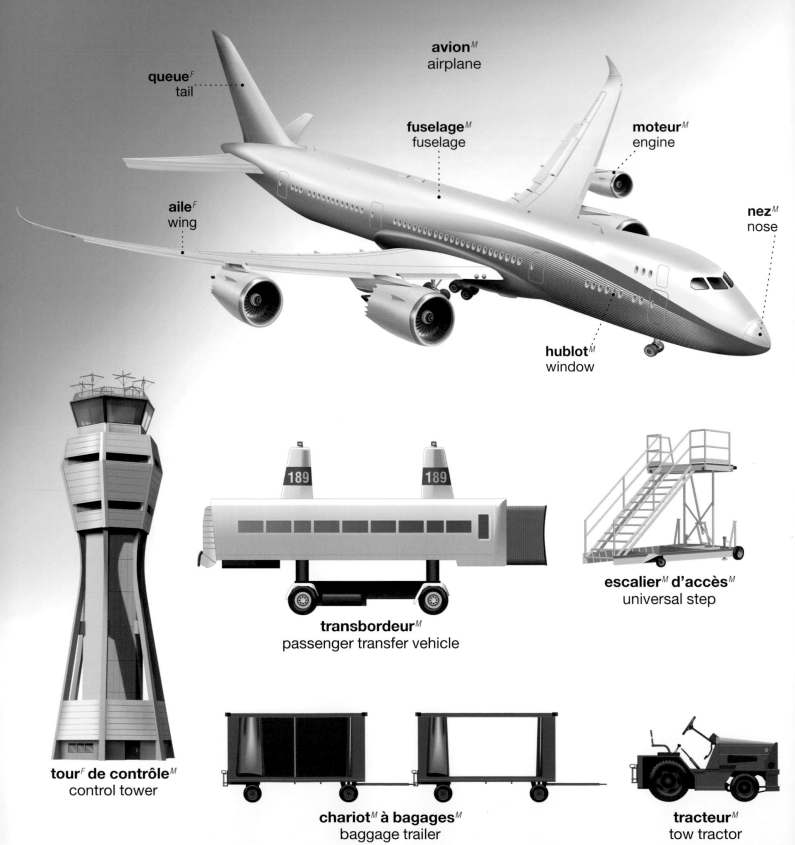

queue^F
tail

avion^M
airplane

fuselage^M
fuselage

moteur^M
engine

aile^F
wing

nez^M
nose

hublot^M
window

tour^F **de contrôle**^M
control tower

transbordeur^M
passenger transfer vehicle

escalier^M **d'accès**^M
universal step

chariot^M **à bagages**^M
baggage trailer

tracteur^M
tow tractor

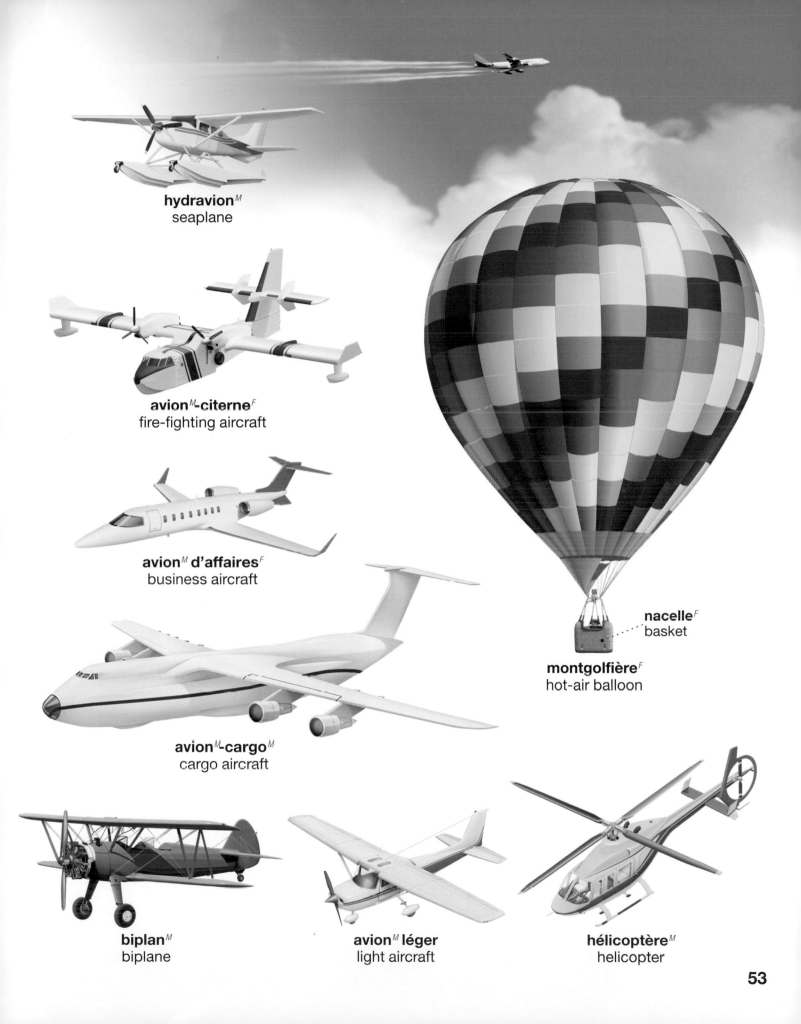

hydravion^M
seaplane

avion^M**-citerne**^F
fire-fighting aircraft

avion^M **d'affaires**^F
business aircraft

avion^M**-cargo**^M
cargo aircraft

nacelle^F
basket

montgolfière^F
hot-air balloon

biplan^M
biplane

avion^M **léger**
light aircraft

hélicoptère^M
helicopter

Les transports sur la terre
Transportation on land

remorque^F **de vélo**^{M}
bike trailer

bicyclette^F
bicycle

selle^F
seat

guidon^M
handlebars

demi-vélo^M
trailer bike

roue^F
stabilisatrice
training wheel

pédale^F
pedal

chaîne^F
drive chain

casque^M **de vélo**^{M}
bicycle helmet

siège^M **de vélo**^{M} **pour enfant**^{M}
child carrier

moto^F
motorcycle

scooter^M
motor scooter

passage^M **à niveau**^{M}
highway crossing

voie^F **ferrée**
railroad track

2

ABC 321

rame^F **de métro**^M
subway train

autobus^M **scolaire**
school bus

autobus^M
city bus

wagon^M
passenger car

locomotive^F
locomotive

tramway^M
streetcar

train^M
train

camionnette^F
pickup truck

fourgonnette^F
minivan

siège^M **d'auto**^F **pour enfant**^M
child car seat

voiture^F
car

coffre^M
trunk

pare-brise^M
windshield

capot^M
hood

glace^F
window

phare^M
headlight

pneu^M
tire

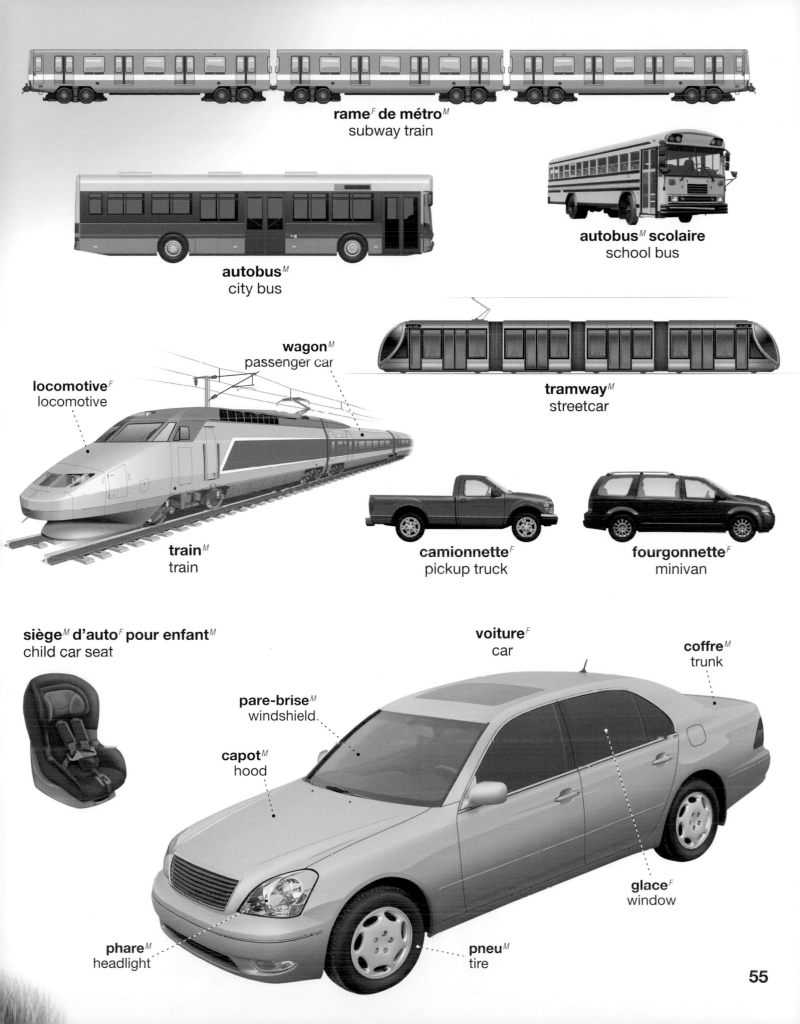

55

La ville
The city

maison^F **de plain-pied**^M
one-story house

tour^F **d'habitation**^F
high-rise apartment

maison^F **jumelée**
semidetached cottage

clocher^M
bell tower

église^F
church

appartements^M **en copropriété**^F
condominiums

hôtel^M
hotel

caserne^F **de pompiers**^M
fire station

magasin^M
store

restaurant^M
restaurant

poste^M **de police**^F
police station

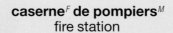

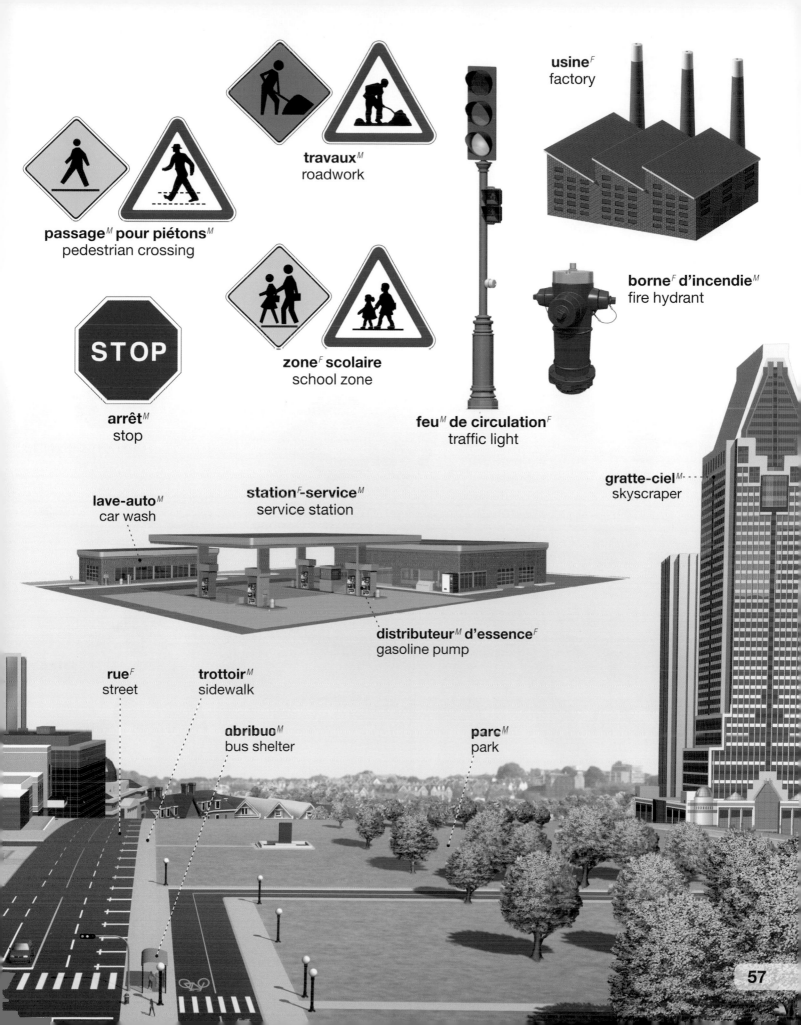

travaux^M
roadwork

passage^M pour piétons^M
pedestrian crossing

usine^F
factory

STOP

zone^F scolaire
school zone

borne^F d'incendie^M
fire hydrant

arrêt^M
stop

feu^M de circulation^F
traffic light

lave-auto^M
car wash

station^F-service^M
service station

gratte-ciel^M
skyscraper

distributeur^M d'essence^F
gasoline pump

rue^F
street

trottoir^M
sidewalk

abribus^M
bus shelter

parc^M
park

57

Les métiers
Trades

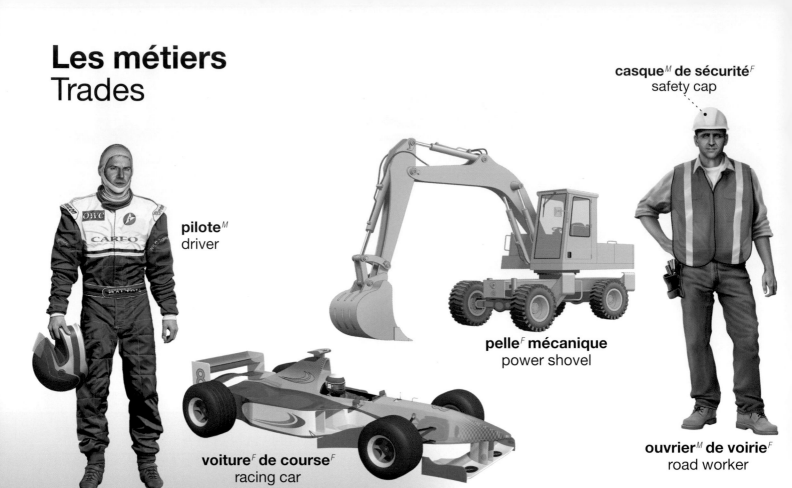

pilote^M
driver

pelle^F **mécanique**
power shovel

casque^M **de sécurité**^{F}
safety cap

ouvrier^M **de voirie**^{F}
road worker

voiture^F **de course**^{F}
racing car

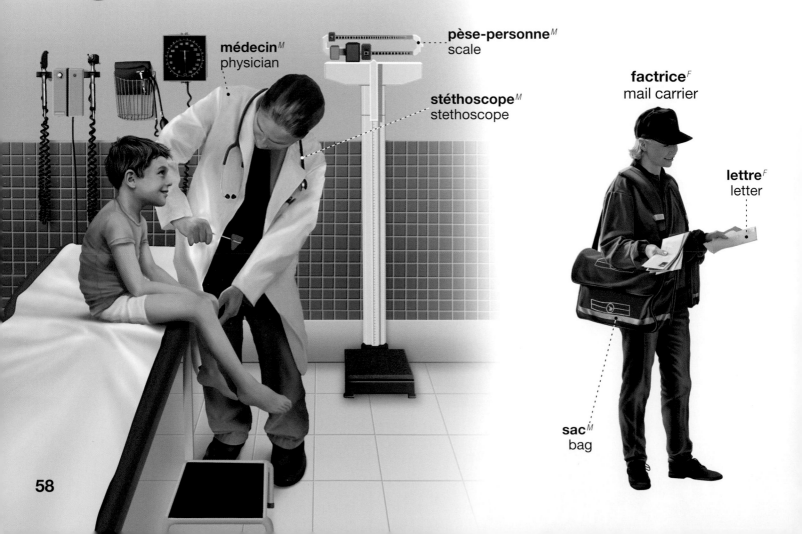

médecin^M
physician

pèse-personne^M
scale

stéthoscope^M
stethoscope

factrice^F
mail carrier

lettre^F
letter

sac^M
bag

hache^F
ax

pompier^M
firefighter

casque^M
helmet

masque^M
mask

bouteille^F **d'air**^M **comprimé**
compressed-air cylinder

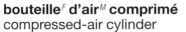
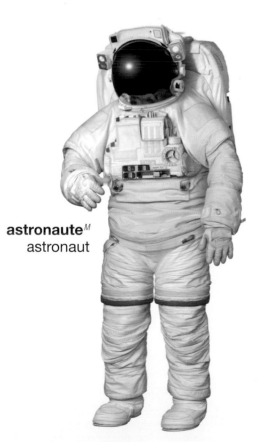

camion^M **d'incendie**^M
fire truck

extincteur^M
fire extinguisher

tuyau^M **d'incendie**^M
fire hose

voiture^F **de police**^F
police car

astronaute^M
astronaut

ceinturon^M **de service**^M
duty belt

agent^M **de police**^F
police officer

L'école
School

rapporteur^M **d'angle**^{M}
protractor

agrafes^F
staples

agrafeuse^F
stapler

calculatrice^F
calculator

équerre^F
framing square

perforatrice^F
paper punch

pince-notes^M
clip

punaises^F
thumb tacks

craie^F
chalk

globe^M **terrestre**
globe

babillard^M
bulletin board

trombones^M
paper clips

brosse^F
blackboard eraser

sac^M **à dos**^{M}
backpack

tableau^M
blackboard

carte^F **géographique**
geographical map

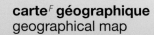

pendule^F
clock

clé^F **USB**
USB key

élève^M
student

chaise^F
chair

bureau^M **d'élève**^{M}
student's desk

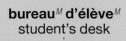

règle^F
ruler

crayon^M
pencil

reliure^F **à anneaux**^M
ring binder

taille-crayon^M
pencil sharpener

gomme^F
eraser

porte-mine^M
mechanical pencil

stylo^M**-bille**^F
ballpoint pen

stylo^M**-plume**^F
fountain pen

cahier^M
notebook

reliure^F **spirale**^F
spiral binder

feuilles^F **mobiles**
loose-leaf paper

marqueur^M
marker

surligneur^M
highlighter pen

ordinateur^M
computer

porte-gomme^M
eraser holder

lecteur^M **de CD/DVD**^M
CD/DVD drive

écran^M
video monitor

disque^M **compact**
compact disc

imprimante^F
printer

haut-parleur^M
speaker

clavier^M
keyboard

souris^F
mouse

61

Les couleurs et les formes
Colors and shapes

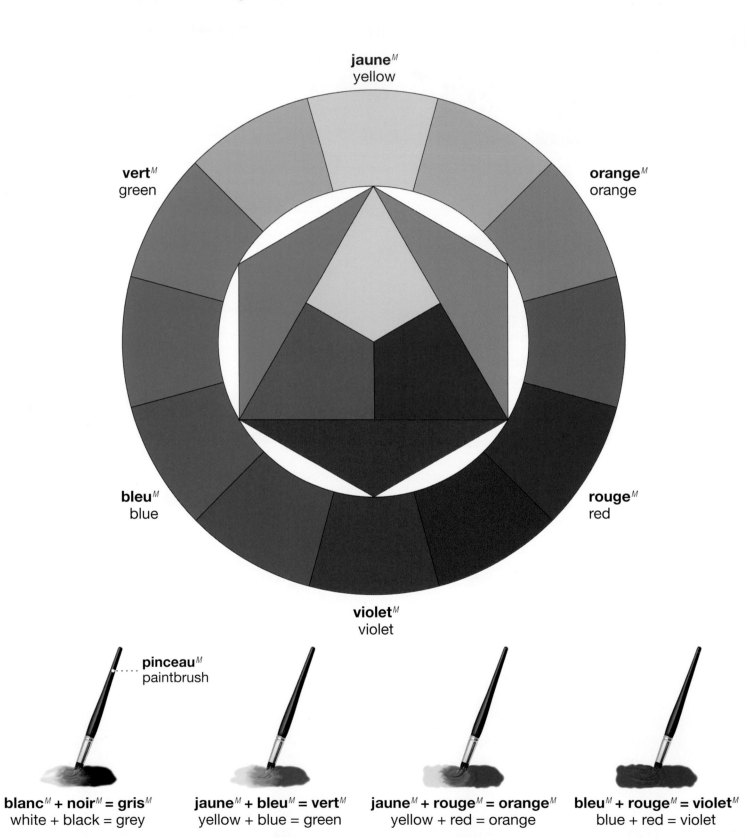

jaune^M
yellow

vert^M
green

orange^M
orange

bleu^M
blue

rouge^M
red

violet^M
violet

pinceau^M
paintbrush

blanc^M **+ noir**^M **= gris**^M
white + black = grey

jaune^M **+ bleu**^M **= vert**^M
yellow + blue = green

jaune^M **+ rouge**^M **= orange**^M
yellow + red = orange

bleu^M **+ rouge**^M **= violet**^M
blue + red = violet

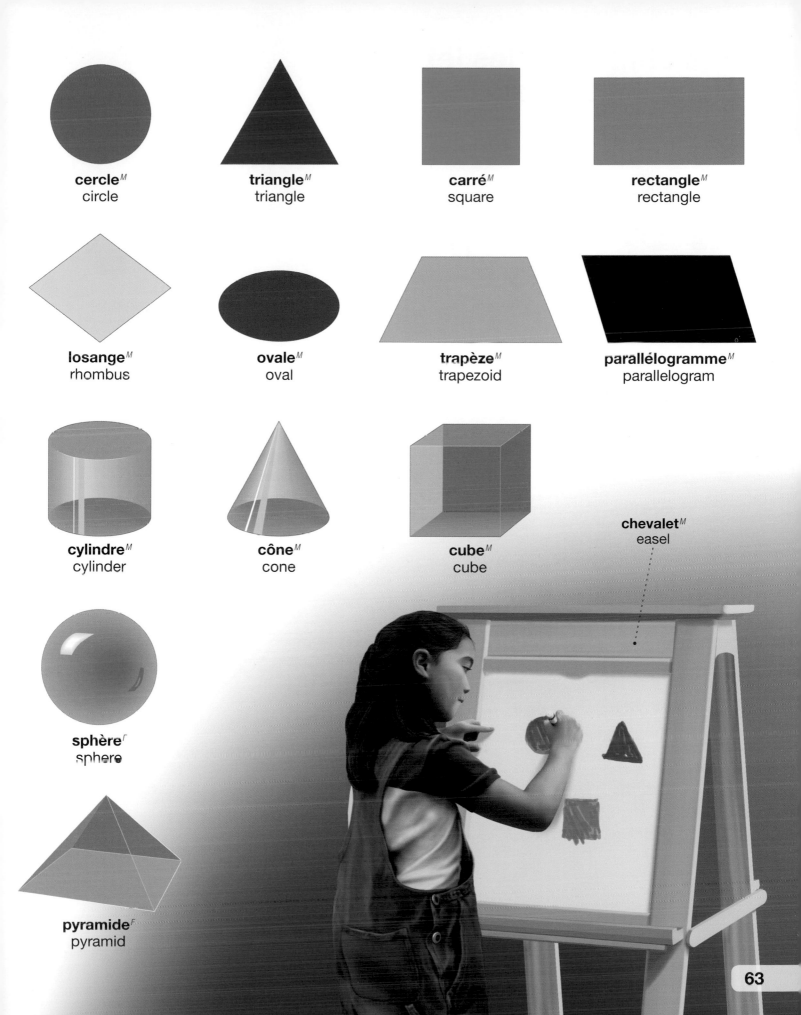

cercle^M
circle

triangle^M
triangle

carré^M
square

rectangle^M
rectangle

losange^M
rhombus

ovale^M
oval

trapèze^M
trapezoid

parallélogramme^M
parallelogram

cylindre^M
cylinder

cône^M
cone

cube^M
cube

chevalet^M
easel

sphère^F
sphere

pyramide^F
pyramid

63

Les chiffres et les lettres
Numbers and letters

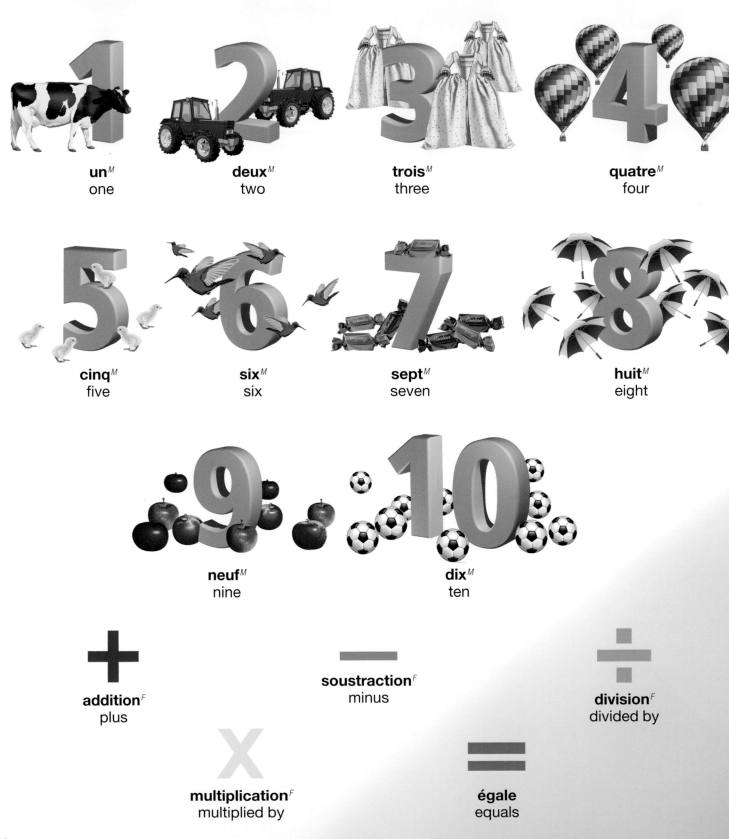

un^M
one

deux^M
two

trois^M
three

quatre^M
four

cinq^M
five

six^M
six

sept^M
seven

huit^M
eight

neuf^M
nine

dix^M
ten

addition^F
plus

soustraction^F
minus

division^F
divided by

multiplication^F
multiplied by

égale
equals

alphabet^M
alphabet

Aa Bb Cc Dd Ee
Ff Gg Hh Ii Jj Kk
Ll Mm Nn Oo Pp
Qq Rr Ss Tt Uu Vv
Ww Xx Yy Zz

boulier^M
abacus

La musique
Music

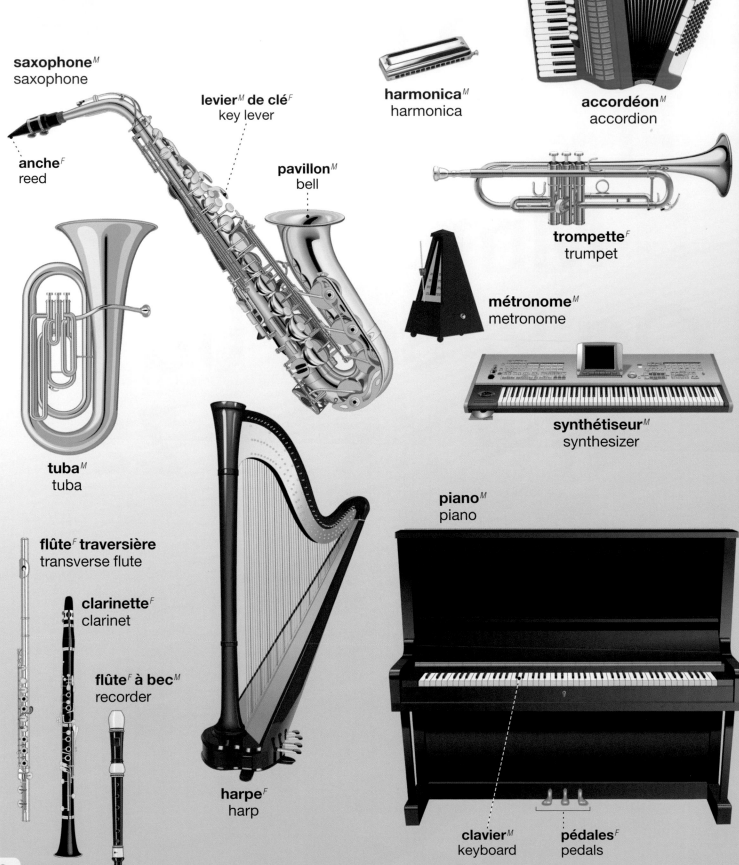

saxophone^M
saxophone

levier^M **de clé**^{F}
key lever

anche^F
reed

pavillon^M
bell

harmonica^M
harmonica

accordéon^M
accordion

trompette^F
trumpet

tuba^M
tuba

métronome^M
metronome

synthétiseur^M
synthesizer

piano^M
piano

flûte^F **traversière**
transverse flute

clarinette^F
clarinet

flûte^F **à bec**^{M}
recorder

harpe^F
harp

clavier^M
keyboard

pédales^F
pedals

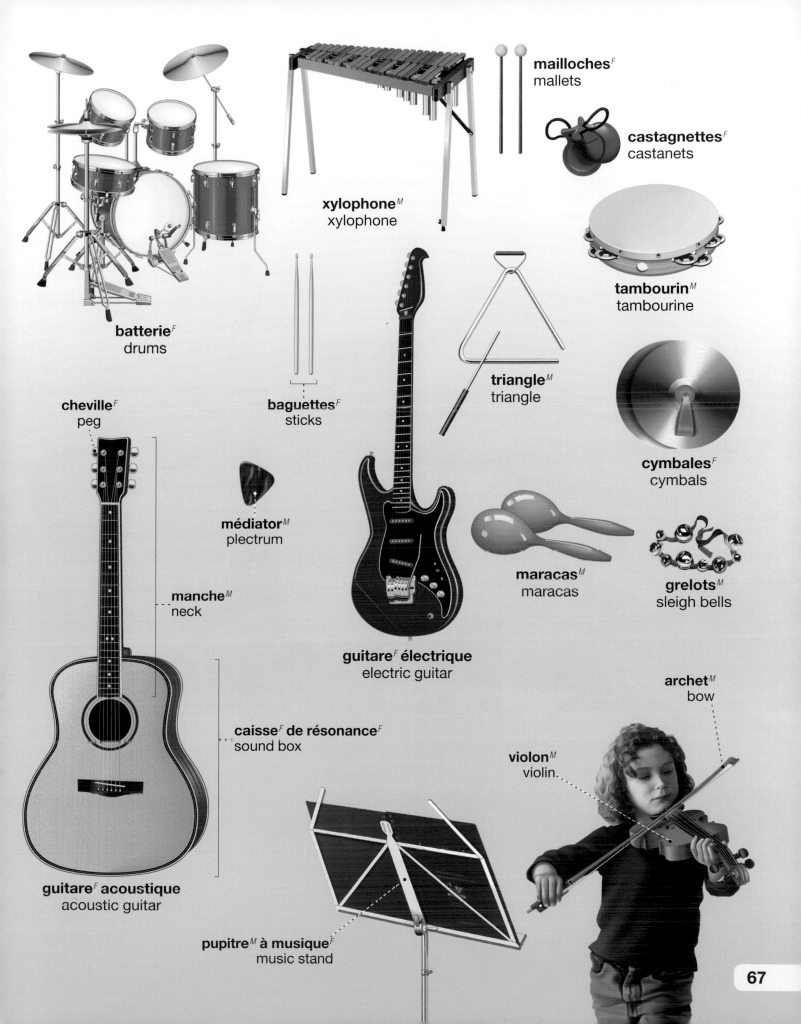

mailloches^F
mallets

castagnettes^F
castanets

xylophone^M
xylophone

tambourin^M
tambourine

batterie^F
drums

triangle^M
triangle

cheville^F
peg

baguettes^F
sticks

cymbales^F
cymbals

médiator^M
plectrum

manche^M
neck

maracas^M
maracas

grelots^M
sleigh bells

guitare^F **électrique**
electric guitar

archet^M
bow

caisse^F **de résonance**^F
sound box

violon^M
violin

guitare^F **acoustique**
acoustic guitar

pupitre^M **à musique**^F
music stand

Les sports
Sports

planche^F **à roulettes**^F
skateboard

boule^F **de quilles**^F
bowling ball

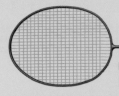
quille^F
pin

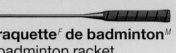
raquette^F **de badminton**^M
badminton racket

volant^M
shuttlecock

raquette^F **de tennis**^M **de table**^F
table tennis paddle

raquette^F **de tennis**^M
tennis racket

balle^F **de tennis**^M
tennis ball

gardienne^F **de but**^M
goalkeeper

but^M
goal

balle^F **de baseball**^M
baseball

gant^M **de baseball**^M
baseball glove

joueuse^F **de soccer**^M
soccer player

patin^M **à roues**^F **alignées**
in-line skate

patin^M **de patinage**^M **artistique**
figure skate

maillot^M
shirt

ballon^M **de soccer**^M
soccer ball

protège-lame^M
skate guard

planche^F **à neige**^F
snowboard

karatéka^F
karateka

panier^M
basket

skieur^M **alpin**
alpine skier

ballon^M **de basket**^M
basketball

joueur^M **de hockey**^M
hockey player

nageur^M
swimmer

casque^M
helmet

bâton^M
stick

joueur^M **de
basketball**^M
basketball player

footballeur^M
football player

sprinteuse^F
sprinter

ballon^M **de football**^M
football

balle^F **de golf**^M
golf ball

trampoline^M
trampoline

bâton^M **de golf**^M
golf club

69

Le camping
Camping

couteau^M **suisse**
Swiss Army knife

boîte^F **d'allumettes**^F
matchbox

ustensiles^M **de campeur**^M
cutlery set

matelas^M **pneumatique**
air mattress

sac^M **de couchage**^M
sleeping bag

matelas^M **mousse**^F
foam pad

gonfleur^M
inflator

tasse^F
cup

bouteille^F **isolante**
vacuum bottle

réchaud^M
camp stove

poêle^F **à frire**
frying pan

assiette^F
plate

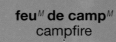

feu^M **de camp**^M
campfire

pile^F
battery

lampe^F **de poche**^F
flashlight

lanterne^F
lantern

cruche^F
water carrier

tente^F**-caravane**^F
tent trailer

caravane^F
trailer

fauteuil^M **pliant**
folding armchair

glacière^F
cooler

auto^F**-caravane**^F
motor home

table^F **de pique-nique**^M
picnic table

tente^F
tent

double toit^M
rainfly

porte^F
door

piquet^M
stake

71

Les fêtes
Parties and holidays

gâteau^M **d'anniversaire**^M
birthday cake

bougie^F
candle

confettis^M
confetti

serpentins^M
streamers

pétards^M
crackers

papier^M **d'emballage**^M
gift wrap

ballon^M
balloon

guirlande^F **de papier**^M
paper festoon

flûte^F
flute

chapeau^M
hat

carte^F **de vœux**^M
greeting card

sac^M **à surprises**^F
surprise bag

feu^M **d'artifice**^M
fireworks

masque^M
mask

œufs^M **de Pâques**^F
Easter eggs

étoile^F
star

ruban^M
ribbon

guirlande^F
festoon

boule^F
ball

cadeau^M
gift

citrouille^F **d'Halloween**^F
Halloween pumpkin

sac^M **cadeau**^M
gift bag

piñata^F
piñata

arbre^M **de Noël**^M
Christmas tree

Les costumes et les personnages
Costumes and characters

magicien^M
magician

jongleur^M
juggler

monstre^M
monster

princesse^F
princess

roi^M
king

gnome^M
gnome

robot^M
robot

sorcière^F
witch

fée^F
fairy

traîneau^M
sleigh

renne^M
reindeer

père^M **Noël**^M
Santa Claus

fantôme^M
ghost

chevalier^M
knight

guerrier^M **gaulois**
Gallic warrior

soldat^M
soldier

légionnaire^M **romain**
Roman legionary

pirate^M
pirate

cowboy^M
cowboy

Amérindienne^F
Native American

ballerine^F
ballerina

dompteur^M
trainer

clown^M
clown

dragon^M
dragon

Index français

English index